A LA MÉMOIRE

DE

M. L'ABBÉ CLERC,

PAR

M. L'ABBÉ BESSON,

SUPÉRIEUR DU COLLÈGE SAINT-FRANÇOIS-XAVIER.

©

A LA MÉMOIRE

DE

M. L'ABBÉ CLERC,

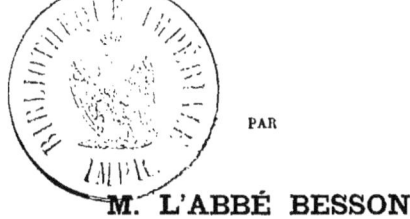

PAR

M. L'ABBÉ BESSON,

SUPÉRIEUR DU COLLÉGE SAINT-FRANÇOIS-XAVIER.

BESANÇON,

TURBERGUE, LIBRAIRE-ÉDITEUR,

Rue Saint-Vincent, 33.

—

1870.

A LA MÉMOIRE DE M. L'ABBÉ CLERC.

J'ai écrit quelques pages, il y a quinze mois à peine, sur M. l'abbé Marmier, dont la mémoire est demeurée si chère à son collége et à sa province ; il faut reprendre cette plume, encore toute humide de nos larmes, pour parler de M. l'abbé Clerc, cet autre homme de Dieu, cet autre maître de la jeunesse, enlevé presque aussi brusquement que M. Marmier à l'estime affectueuse du clergé bisontin. Ces deux prêtres étaient à notre tête comme deux vétérans ; ils s'aimaient comme deux frères d'armes. Il y avait dans la naïveté de leur caractère, dans la sûreté de leur commerce, dans la piété de leur sacerdoce, d'heureuses ressemblances. Tous deux avaient blanchi sous le harnais sans y vieillir, tous deux sont tombés les armes à la main. On ne voyait guère l'un sans penser à l'autre, et, pour achever le parallèle, voilà que la mort les rapproche encore, en renouvelant à la fois notre surprise et notre douleur. Faisons à M. l'abbé Clerc, comme à M. l'abbé Marmier, les adieux de la confraternité et de l'amitié. Leurs noms sont modestes, mais tout le clergé les honore, tous leurs élèves les bénissent ; ce n'est pas seulement leur science et leur zèle que nous regrettons d'avoir perdus ; c'est la piété, c'est le dévouement, que nous devons saluer dans leur personne et célébrer dans leur souvenir.

Claude-Jean-Baptiste Clerc, né à Besançon le 21 novembre 1803, appartenait à une famille aisée et honorable qui tient encore un des premiers rangs parmi les négociants de la cité. Des cinq enfants qui la composaient, l'Eglise en a pris deux, l'un pour le cloître, l'autre pour l'autel, et leur a confié, comme à des âmes d'élite, ses services à la fois les plus humbles et les plus délicats. Sœur Justine Clerc, hospitalière de la congrégation de Sainte-Marthe, sert, depuis plus de quarante ans, les pauvres dans nos hospices ; M. l'abbé Clerc a servi la jeunesse pendant quarante-cinq ans dans les séminaires de Vesoul et de Luxeuil.

Payons ici un tribut de reconnaissance à la mémoire de leur mère. Madame Clerc, morte en 1848, à l'âge de 84 ans, était une de ces femmes en qui la force du caractère est tempérée par une merveilleuse bonté, et qui vivent, longtemps après leur mort, dans la maison qu'elles ont fondée par leurs vertus. Personne ne travailla plus qu'elle à la vocation sacerdotale de son fils, en travaillant à le rendre doux, chaste, sincère, généreux et dévoué. Elle a joui de son ouvrage. On la voyait encore, il y a vingt-cinq ans, dans l'église de Saint-Pierre, non loin de la chaire, quand l'abbé venait y prêcher, pendant ses vacances, le vendredi saint ou le jour de Pâques, et il n'était pas nécessaire de la connaître pour se dire au premier coup d'œil : voilà la mère du prédicateur.

La douce inclination qui portait M. Clerc vers le sanctuaire se manifesta dès le plus bas âge ; les seules joies de son enfance furent celles de la religion et de la famille, et l'ambition de devenir prêtre charma et remplit ses premiers désirs. Après un an passé au lycée de Besançon, on l'envoya, dès le mois de novembre 1813, au séminaire d'Ornans. Des hommes du plus grand mérite se succédèrent à la tête de cette école et en remplirent les principales chaires. Il suffit de citer M. l'abbé Busson, le premier que notre écolier salua du nom de supérieur, M. l'abbé Doney, qui joignit à ce titre celui de professeur de philosophie, M. l'abbé Waille, qui réunissait sous sa direction les classes de rhétorique et de seconde. Le curé de la ville, M. l'abbé Théret, était aussi de la maison et s'en faisait honneur, témoignant aux maîtres une vive amitié, aux écoliers un paternel intérêt, et s'occupant du séminaire comme de sa propre paroisse. Disons-le en passant, car c'est un trait des mœurs du temps, tout à fait effacé aujourd'hui, ecclésiastiques ou universitaires, tous les collèges vivaient alors non-seulement sous la protection, mais sous le regard et comme sous la conduite des autorités locales. On prenait aux études, aux concours, aux distributions de prix, un intérêt réel, éclairé, fécond en heureux résultats. Il y avait là autre chose que des cérémonies et des spectacles, il y avait ce qui attache et ce qui charme l'enfance, des exercices d'intelligence et de mémoire, des luttes où l'on essayait en public les forces naissantes de l'âme. Les concours de fin d'année excitaient une salutaire émulation, mais on ne les enfermait pas dans l'enceinte d'une classe, l'élite de nos villes y prenait part, tous les hommes lettrés, prêtres et laïques, venaient interroger eux-mêmes les jeunes humanistes. C'était pour eux une fête, pour les élèves un honneur, pour tous un profit. Cicéron, Virgile, Horace, avaient alors des charmes pour tous les âges.

Citons les premiers lauriers cueillis par M. Clerc dans cette modeste arène : cette citation ne déplaira pas à sa mémoire, car personne n'attachait plus d'importance que lui aux concours publics. En seconde, il obtient les prix de thème et de narration française, l'accessit du prix d'excellence, qui était unique, celui de versification latine et la première mention du concours ; en rhétorique, il partage le prix de mémoire et mérite les accessits d'excellence, de versification et de discours latin ; en philosophie, il remporte le premier prix. M. Dartois, qui a continué avec tant d'éclat, au séminaire d'Ornans, les traditions des Waille et des Doney, a recueilli avec un soin pieux les noms qui ont paru dans ces brillants concours. La Franche-Comté les connaît et les honore ; on peut les rappeler : MM. Camille d'Oussières, d'Arbois, le docteur Corbet, le chanoine Bogillot, le chanoine Querry, M. l'abbé Guillaume, curé de Clerval, M. Sanderet de Valonne, directeur de l'école de médecine de Besançon, Mgr Gaume, M. Mougin, chef de division à la préfecture du Doubs, Mgr Cuenot, évêque de Métellopolis, missionnaire en Cochinchine, voilà les hommes qui formaient, avec M. Clerc, la modeste académie du séminaire d'Ornans ; voilà ceux qui tiraient au sort, à la fin de l'année scolaire 1818, les deux *prix de contentement* donnés l'un par M. Théret, curé d'Ornans, l'autre par M. l'abbé Doney.

L'étude de la théologie donna à M. l'abbé Clerc des maîtres dont le nom est au-dessus de tout éloge, M. Gousset et M. Loye, et des condisciples vraiment dignes de tels maîtres, Mgr Cart, l'orgueil et l'amour de l'Eglise de Nîmes, M. l'abbé Receveur, si connu en Sorbonne, deux professeurs moins renommés au dehors, mais non moins éminents, le P. Jeanjacquot, que le séminaire de Besançon a cédé avec tant de regret à la compagnie de Jésus, M. l'abbé Faivre, que notre diocèse s'honore d'écouter depuis quarante ans, et qui représente toute l'autorité de l'ancienne école. Après trois ans passés dans cette école fameuse, où l'on comptait alors plus de quatre cents élèves, M. l'abbé Clerc entra au séminaire en qualité d'interne le 5 novembre 1823, prit l'habit ecclésiastique, reçut la tonsure le 3 avril de l'année suivante, et les ordres mineurs le 19 septembre, des mains de Mgr de Villefrancon. Son cours de théologie étant fini, il rendit quelques services dans le pensionnat secondaire établi à Besançon par l'autorité ecclésiastique dans la maison de Mlles Lombard, humble institution qui façonnait, aussi bien que les presbytères de nos montagnes, de vaillantes recrues au sacerdoce, et où les études, pour être un peu hâtives, ne laissaient pas d'être solides et brillantes. C'était en 1825. Cette année a laissé dans la mémoire des Bisontins une trace ineffaçable. Ce fut celle de la grande mission prêchée simultanément par les missionnaires de France et les missionnaires diocésains. Trois paroisses, Saint-Jean, Sainte-Madeleine et Saint-Pierre, furent le théâtre de ces prédications populaires, entraînantes, vraiment efficaces, qui s'ouvrirent le 9 janvier et se terminèrent le 28 février suivant au milieu de toutes les consolations de la foi. M. l'abbé Clerc, heureux témoin de ces scènes pathétiques, imagina de les retracer dans un rapide *Mémorial*, qui eut deux éditions et qu'on relit encore aujourd'hui avec un véritable charme.

Ce premier essai d'une plume de vingt-deux ans frappa les supérieurs ecclésiastiques. L'abbé Clerc était loin de croire qu'il avait fixé leur attention, et il demandait à aller prendre des grades en Sorbonne, quand une nomination de professeur de rhétorique l'appela au séminaire de Vesoul. Les deux années qui suivirent furent comme son noviciat dans l'enseignement et dans le sacerdoce. Il reçut le diaconat le 23 septembre 1826, et un an après, jour pour jour, Mgr de Villefrancon lui imposa les mains. Il était prêtre, et il se sentait plus que jamais le débiteur de tous. Ce fut au séminaire de Luxeuil qu'il porta les prémices de son ordination. M. Brésard, de douce et sainte mémoire, venait de mourir, et M. Guerrin lui succédait dans la charge de supérieur. Il fallait pourvoir à la chaire de rhétorique ; le grand nom que M. Guerrin s'y était fait la rendait difficile à remplir, le nombre des élèves qui l'entouraient en rehaussait encore l'éclat : on en compta jusqu'à quarante-cinq, jamais moins de vingt, c'était l'une des chaires les plus brillantes de la province. M. Guerrin, qui avait connu M. Clerc à Vesoul, souhaita de l'avoir pour collaborateur à Luxeuil. Ses vœux furent exaucés, et le jeune professeur, heureux de ce choix, jaloux d'y répondre, alla planter définitivement la tente de sa vie dans les cloîtres de saint Colomban.

Chacun connaît cette abbaye qui, pour l'antiquité et l'illustration, n'eut d'égale en Séquanie que celle de Saint-Claude, et qui, pour la fécondité des œuvres et le nombre des saints, peut le disputer dans les annales de l'Eglise avec celle de Cluny. Là tout parle aux regards du poëte, à la mémoire du savant, au cœur du prêtre. Les ballons des Vosges dans un lointain à peine voilé par les vapeurs du jour ; d'immenses forêts aux alentours, coupées de plaines fertiles, semées de brillants et industrieux villages ; des eaux thermales déjà fameuses sous les Césars, et rétablies aujourd'hui dans leur ancienne splendeur, parmi les débris retrouvés de la civilisation romaine ; une ville peuplée de maisons historiques ; une église qui était dans le siècle passé une magnifique abbatiale, et qui emble se restaurer dans l'attente d'une destinée nouvelle ; un cloître jadis la patrie des saints, la terre des miracles, rendu, pour ainsi dire, à sa destination première, puisqu'il est devenu depuis près de soixante ans la pépinière la plus féconde du sacerdoce franc-comtois, et, pour que rien ne manque dans ces beaux lieux et au secours du corps et aux consolations de l'âme, un hôpital récemment bâti par un Grammont à l'instar de tant de palais bâtis par ses ancêtres sous le nom d'hospices et de séminaires dans une province dont ils ont fait leur famille : voilà l'aspect de Luxeuil, voilà le séjour aimé dont le nom semblait depuis quarante-trois ans inséparable du nom de l'abbé Clerc.

L'abbé Clerc aimait Luxeuil, et cette ville le lui rendait bien. Sympathique à tout le monde, mais surtout secourable aux malheureux, il méritait d'être pour elle comme un enfant d'adoption, cet hôte dont la simplicité était si charmante, le commerce si commode, la générosité si prompte à se répandre. Il était plus facile de deviner ses prodigalités que de les connaître. On peut dire de lui qu'il donnait des deux mains, de l'une les aumônes publiques par lesquelles le prêtre s'offre en exemple aux hommes, de l'autre les aumônes secrètes dont Dieu seul doit avoir le dernier mot. Il donnait, mais il oubliait qu'il avait donné pour donner encore : témoin ce pauvre qu'il secourait naguère dans la rue comme un étranger, et qui le bénissait en lui disant à haute voix : « Ah ! monsieur Clerc, vous ne me reconnaissez pas, et c'est cependant vous qui m'avez nourri tout l'hiver. »

Sa charité s'étendait bien au delà de Luxeuil, à toutes les œuvres chères à l'Eglise. Non-seulement il donnait, mais il quêtait sans cesse pour la Propagation de la foi, pour la Sainte-Enfance, pour les loteries de bienfaisance organisées dans toute la province. On savait avec quel zèle il embrassait la cause des pauvres et des abandonnés, quand même il ne les connaissait pas ; nos missionnaires avaient en lui l'avocat le plus jaloux de faire valoir les intérêts de leurs chrétientés lointaines ; leurs lettres étaient ses lectures de prédilection, et ces lectures dont il entretenait volontiers, soit en récréation, soit en classe, le jeune auditoire groupé autour de lui, ont valu aux missions étrangères une troupe de jeunes apôtres. « Vous me donnerez deux sous pour mes Chinois, » disait quelquefois l'abbé Clerc en pardonnant une faute à un écolier. Il demandait peu, on lui donna souvent bien davantage. Plus d'un écolier voua d'avance sa parole, ses sueurs, sa vie, aux travaux apostoliques, en jetant cette modeste obole dans le chapeau du maître. Mgr Theurel, évêque d'Acanthe, mort au Tong-King il y a trois ans, avait senti le souffle de Dieu s'allumer dans son âme à ces nobles lectures. Les Garnier, les Virot, les Ducotey, ces autres apôtres des missions, sont sortis de la classe de M. l'abbé Clerc avec le germe déjà développé de leur sainte vocation. M. l'abbé Perny, si dévoué aux chrétientés de la Chine, le P. Ducat, qui combat depuis tant d'années pour la même cause sous le regard de Notre-Dame d'Afrique, entretenaient avec lui une correspondance suivie et lui recommandaient leurs chers néophytes. M. l'abbé Clerc enrégimentait ses élèves sous le drapeau de Notre-Dame d'Afrique et les faisait travailler, par leurs prières et leurs aumônes, à la conversion des musulmans. Le P. Ducat l'en remerciait avec un accent de missionnaire et de soldat. « Des élèves du séminaire de Luxeuil, lui écrivait-il, ne sont pas des soldats ordinaires. Il faut non-seulement qu'ils s'enrôlent, mais qu'ils fassent des recrues pour notre pacifique croisade. Les Latins disaient *Utinam!* c'est la devise de l'honneur et du courage, c'est la devise de Besançon et de tout notre diocèse. »

Cette vive sollicitude pour l'apostolat de l'avenir rendait M. l'abbé Clerc très curieux des gloires du passé, très jaloux de les faire connaître. Il n'avait qu'à frapper du pied la terre qu'il habitait, et les apôtres des premiers âges sortaient de leur tombe, ne lui laissant pour ses récits que l'embarras du choix. Ce fut sur saint Walbert que s'arrêta sa plume. Il en raconta la vie, en décrivit l'antique ermitage, et fit de là quelques excursions, pleines de science et d'intérêt, dans l'histoire de l'abbaye et de la ville de Luxeuil. Cet ouvrage, lu et apprécié partout, est parvenu à la cinquième édition (1).

Mais quelque goût qu'il eût pour l'histoire, les matières de littérature et d'éducation eurent toujours ses préférences. En 1841, il vint prendre part au congrès scientifique tenu à Besançon, et il y donna lecture d'un *Discours sur la littérature contemporaine*, qui fut fort applaudi. Il préludait, par cette attaque contre le mauvais goût, à une attaque contre les mauvaises doctrines, car il eut son jour et sa modeste gloire dans les luttes de notre temps. Il appartenait, par sa naissance, par son éducation, par ses vertus, à ce clergé, d'une trempe meilleure que la nôtre, dont la généreuse propagande a conquis aux générations suivantes la liberté religieuse, et qui ne nous laisse plus que le soin de la comprendre, de la garder et de l'agrandir. Soldat obscur, si l'on veut, mais intrépide, dévoué, persévérant, de la croisade entreprise dès le temps de la Restauration, conti-

---

(1) *Ermitage et vie de saint Walbert, avec un abrégé de l'histoire de Luxeuil*, in-8º, 5ᵉ édition ; Besançon, Jacquin, 1863.

nuée sous le règne de Louis-Philippe, achevée, trente ans après, sous la République, au dehors par l'expédition de Rome, au dedans par la loi sur la liberté d'enseignement, il servit dans cette armée permanente de la justice et de l'honneur, avec la parole, avec la plume, toutes les causes si longtemps impopulaires qui ont passionné les bons prêtres de notre province. A Pie IX l'hommage de ses vers et le souvenir d'un voyage en Italie, qui fut la plus grande joie de sa vie sacerdotale et la seule trêve accordée aux labeurs de son enseignement (1). Aux familles chrétiennes de salutaires avis sur le choix des maîtres qu'elles doivent à leurs enfants pour former en eux un esprit juste, un cœur pur, un caractère ferme et sincère. C'est l'objet de son livre intitulé *Importance de l'éducation au XIXe siècle*, et publié en 1844, au milieu de la bataille livrée au monopole universitaire (2). Il demandait, sans violence, sans invectives, sans personnalité, qu'il fût permis à tous les citoyens français, sans privilége, mais sans exclusion, de se consacrer au sublime ministère de l'éducation publique, et que les familles eussent la liberté de choisir les instituteurs les plus dignes de leur confiance. Mgr l'archevêque de Besançon rendit hommage à la modération de sa polémique, avec un de ces souvenirs classiques si familiers au grand prélat et si agréables pour un professeur. Il lui écrivait : « Mon cher ami, vous avez les forces non-seulement pour lancer votre char dans la carrière, mais pour l'y maintenir et fournir toute l'étendue du cirque, sans vous briser contre la borne fatale (3). » Mgr Croisier, évêque de Rodez, lui adressa ses plus vives félicitations. « La lecture de votre livre a été pour moi fort attachante, et elle m'a consolé d'une foule de livres mal faits ou médiocres que l'on m'adresse. Le sujet que vous traitez, la vigueur de vos raisonnements et de vos pensées, le charme et l'éclat de votre diction, l'érudition dont vous faites preuve sans fatiguer le lecteur, voilà quelques-uns des mérites que m'a révélés votre livre (4). »

Une des circonstances que M. l'abbé Clerc n'a pas cessé de regarder comme une des plus honorables de sa vie servait d'encouragement à son zèle. Il avait été l'un des premiers Franc-Comtois qui eurent le plaisir de connaître M. le comte de Montalembert et d'entretenir des relations avec lui. Tout récemment allié à la famille de Mérode, le jeune

---

(1) *Pie IX, Rome et l'Italie*, in-8º.
(2) *Importance de l'éducation au* XIXe *siècle*, in-8º ; Paris, 1844.
(3) Lettre du 4 juillet 1844.
(4) Lettre du 30 octobre 1844.

historien de sainte Elisabeth habitait alors le château de Villersexel, chez le grand-père de sa femme, M. le marquis de Grammont, de si vénérable et de si populaire mémoire. M. Clerc alla le voir dès 1837, se félicita beaucoup de son noble accueil, et lui confia la lecture d'un poëme qu'il avait entrepris sur Rome et l'Italie. M. de Montalembert répondit à sa confiance avec une grande franchise et une grande politesse :

« Villersexel, le 6 décembre 1837.
» Monsieur l'abbé,

» Je profite du passage de ma belle-mère par Luxeuil, pour vous faire remettre les manuscrits que vous avez bien voulu me confier. Leur lecture ne m'a pas fait revenir sur mon inimitié conçue *à priori* contre les *voyages* en vers ; toutefois, je n'ai pu m'empêcher d'admirer la chaleur d'âme, l'élévation de pensées et la pieuse sensibilité qui caractérisent plusieurs de ces morceaux ; je me suis permis de mettre un petit papier aux endroits qui m'ont le plus frappé. Je crois qu'il y en a plusieurs autres qui auraient besoin d'être retravaillés ; mais je vous avoue que je ne suis nullement juge compétent en matière de versification.

» Vous me pardonnerez, j'espère, Monsieur l'abbé, la franchise de mon opinion. Elle vous sera une preuve nouvelle de l'union chrétienne qui doit exister comme elle existe réellement entre nous. — Permettez-moi de profiter de cette occasion pour vous dire encore une fois combien je suis heureux de vous avoir rencontré en Franche-Comté, et combien j'apprécie la sympathie si flatteuse pour moi et si affectueuse que vous avez bien voulu me témoigner. Je demande à Dieu de vous soutenir dans votre lutte contre le paganisme moderne. J'aime à croire qu'il nous rapprochera plus d'une fois l'un de l'autre, dans la suite.

» Agréez, en attendant, la sincère expression de mon respectueux dévouement.

» Daignez, je vous en prie, faire mémoire de moi dans vos saints sacrifices. Comte DE MONTALEMBERT. »

Deux ans après, M. l'abbé Clerc était au comble de la joie. Il voyait M. de Montalembert au séminaire de Luxeuil, et il le complimentait en prose et en vers par la bouche de ses rhétoriciens. La présence de M. le comte Félix de Mérode, la bienveillance des deux illustres visiteurs, leur attitude recueillie dans le lieu saint, tout frappait les jeunes séminaristes, tout leur servait d'exemple, tout charmait et attendrissait leurs maîtres. M. l'abbé Clerc jouissait plus que personne de cette visite ; la lettre suivante ajouta encore à son bonheur :

« Villersexel, le 22 janvier 1840.

» Monsieur l'abbé,

» Je me souviens avec confusion qu'au moment de quitter l'hospitalière demeure de Luxeuil, je n'ai rien donné au jardinier, qui m'a rendu une foule de petits services. Permettez-moi d'avoir recours à votre indulgente bienveillance, et de vous imposer la corvée d'aller prendre à la poste la petite somme ci-jointe, que vous voudrez bien lui remettre de ma part. Vous voyez qu'il faut que je compte bien sur la sincérité de tout ce que vous m'avez dit d'aimable, pour ne pas craindre de vous importuner ainsi.

» Je profite avec empressement de cette occasion pour vous dire combien je suis charmé et reconnaissant de l'accueil, beaucoup trop flatteur, qui m'a été fait à Luxeuil, tant par les maîtres que par les élèves. Soyez, je vous prie, Monsieur l'abbé, l'interprète des sentiments qui m'animent à cette occasion, auprès de Messieurs vos confrères, comme auprès de vos bons élèves, et surtout de MM. Baudy (1) et Bongeot (2), dont je conserverai avec soin les paroles affectueuses et amicales. Veuillez présenter mes compliments respectueux en même temps que mes remerciements à M. le supérieur, MM. Brésard, Vuillemot, etc., et recevoir vous-même l'expression de mes sentiments les plus dévoués. Comte DE MONTALEMBERT. »

Les papiers de M. l'abbé Clerc nous livrent encore une autre lettre de M. de Montalembert. Elle est écrite à Paris au lendemain de la révolution de février, en réponse à la demande qui était faite à l'illustre écrivain de se présenter comme candidat aux élections de la Haute-Saône :

« Paris, le 17 mars 1848.

» Monsieur l'abbé,

» Je suis très sensible à la lettre que vous me faites l'honneur de m'écrire en date du 14.

» J'ai déjà répondu à M. le curé de Saint-Loup que je serais fort honoré de représenter la Haute-Saône au sein de la future assemblée constituante. Le P. Lacordaire, M. Ozanam, M. Veuillot, M. de Riancey, ne demandent pas mieux que d'être élus et de défendre, dans cette occasion suprême, les principes auxquels ils ont dévoué leur vie.

» Mais nous estimons que les noms des catholiques étrangers au département ne doivent être mis en avant qu'à défaut de candidats du

---

(1) Aujourd'hui curé d'Amblans.
(2) Mort vicaire de Notre-Dame à Besançon.

pays. Ceux-ci auront beaucoup plus de facilité à rallier les suffrages.

» Nous pensons surtout que les voix catholiques ne doivent pas se porter uniquement sur des candidats catholiques, mais qu'il faut s'entendre avec les comités des autres opinions pour constituer une liste où toutes les opinions seraient représentées par des hommes amis de l'ordre et de la vraie liberté, quand bien même ceux-ci ne professeraient ou ne pratiqueraient pas notre sainte religion au degré que nous pourrions souhaiter.

» Recevez, Monsieur l'abbé, la nouvelle assurance de ma respectueuse considération. Comte DE MONTALEMBERT. »

Ce ne fut guère qu'à l'occasion de la révolution de février que M. l'abbé Clerc se permit de faire de la politique, et nous ne trouvons plus jusqu'à la fin de sa vie que des œuvres de littérature, d'éducation et de piété : un cri de sa foi naïve en l'honneur de Marie immaculée, *Le 8 décembre*(1), récit animé et curieux des fêtes qui célébrèrent cette date fameuse, où celles de la ville et du séminaire de Luxeuil tiennent naturellement une grande place ; *les Scènes de l'Évangile* (2), réponse en vers aux blasphèmes de M. Renan ; un *Essai sur l'art oratoire* (3), recueil des dialogues composés par M. Clerc pour les distributions de prix du séminaire de Luxeuil. Nous touchons ici à un des points les plus contestés de sa bonne et modeste réputation, comme à un des ouvrages les plus chers à sa plume. Il avait pour sa classe de rhétorique toutes les ambitions que peut rêver un maître, et il aurait voulu faire de chacun de ses élèves, non-seulement un écrivain, mais un orateur. Que de soins pour les initier à l'art de parler, si peu naturel à la jeunesse de notre province, si rare même parmi les hommes instruits ! Il choisissait deux mois d'avance un sujet de dialogue, distribuait les rôles, et quand on les avait appris par cœur, menait les jeunes acteurs dans les grands bois de Saint-Walbert pour les exercer en pleine liberté à la déclamation. Le jour du concours arrivé, il laissait lire sur son visage, comme un artiste, toutes les émotions de la scène publique. Que de zèle pour surveiller les dernières répétitions ! que de peines pour éviter les accidents qui pourraient troubler la fête ! Il disparaissait à l'ouverture de la scène, mais c'était pour demeurer à la fois invisible et présent, derrière le théâtre, assurer l'exécution, souffler au besoin et jouir du succès. Quelques critiques, il est vrai, tempéraient les éloges. On

---

(1) *Le 8 décembre 1854, ou Marie immaculée;* 2ᵉ édition, 1 vol. in-8º.
(2) 1 vol. in-12 ; Besançon, Jacquin, 1867.
(3) *Essai sur l'art oratoire considéré au point de vue chrétien*, 1 vol. in-8˚.

ui reprochait de vouloir donner un rôle à chacun de ses rhétoriciens, mais ne fallait-il pas contenter toutes les familles? de traiter des sujets trop graves, mais n'était-on pas dans un séminaire? d'être un peu long, mais ne s'assemblait-on pas pour s'instruire et non pour s'amuser? Ayant imaginé, il y a cinq ans, de faire parler dans un de ses dialogues les génies divers des langues modernes, et de mettre en parallèle leurs qualités respectives, il consulta sur ce sujet un de ses bons voisins, un de ses vieux amis, M. l'abbé Devoille, qui lui répondit par la lettre suivante, si pleine de fines remarques, et terminée par de bonnes et spirituelles plaisanteries dont personne, à coup sûr, n'aura le mauvais goût de s'offenser.

« Vous me supposez, cher ami, beaucoup plus savant que je ne suis. J'ai un peu écorché et j'écorche encore chaque jour les langues allemande, anglaise et italienne (espagnole, non). Mais je me suis contenté de la superficie. Je n'ai jamais eu le talent de saisir un peu au vif le génie de ces divers idiomes ; c'était un amusement, une distraction, que j'y cherchais plutôt qu'un sujet d'étude. Tout ce que je hasarderais donc là-dessus serait fort sujet à caution. Votre auditoire, il est vrai, n'est pas très compétent sur la matière. N'importe, il faut être vrai en tout et parler toujours comme si l'on avait le monde entier pour juge.

» Je ne puis donc avoir la témérité de faire le gros volume que demanderait votre thèse. Cependant, d'après ma conviction personnelle, la langue française a sur toutes ses sœurs l'avantage d'une incomparable clarté. Elle est donc la plus voisine de la nature et, *par conséquent*, du *vrai*, du *beau* et du *bien*. L'allemande a sur elle l'avantage de la richesse, l'italienne de la douceur et de la délicatesse des nuances, l'anglaise (au moins en poésie) de la verve et de l'audace; mais si tout cela prête davantage à la forme, cela n'aide point au fond, le but du langage étant, dans les intentions du Créateur, d'exprimer le vrai avec simplicité, c'est-à-dire tel qu'il est, et non de le déguiser ou de l'atténuer ou de le délayer dans la variété des formes. Aussi la langue française n'a-t-elle produit aucune hérésie; toutes les hérésies sont d'origine grecque ou allemande, les deux langues les plus souples, les plus riches de termes, les plus commodes pour composer et décomposer les mots.

» Si donc par éloquence on entend l'art d'éclairer l'esprit et de toucher le cœur en lui faisant *toucher* le vrai, la langue française n'a point de rivales et Bossuet est le premier des orateurs. Mais si par éloquence on entend l'art de flatter l'oreille, de séduire l'imagination, de revêtir la vérité de formes aimables, variées, saisissantes, je crois que l'allemand et l'anglais nous dépassent. Aucun orateur politique français (pas même Mirabeau, le premier de tous, selon moi) n'égale Shéridan, Fox, Pitt, Burke, etc. Aucun poëte français, pas même Corneille (le plus poëte de tous, selon moi) n'égale Shakespeare pour la verve, l'originalité et l'audace. Il va sans dire que sous le point de vue du poli et de la politesse (deux expressions qui ont la même origine) ils sont loin de nos maîtres, de Fénelon, par exemple; que, sous celui de l'esprit, de l'art de produire des pensées fines, vives, spirituelles, ils sont à cent lieues de Voltaire. Mais leur hardiesse, même brutale, même grossière, est propre à produire de grands effets. En deux mots, notre langue, éminemment claire, est la langue de la chaire; les leurs, plus téméraires, moins réservées, plus passionnées, sont les langues de la tribune et du théâtre.

» Du reste, au point de vue de la chaire, le protestantisme les jette forcément à distance de nous. L'hérésie est froide, sans élan, sans jet, parce qu'elle doute, parce que celui qui parle n'est pas parfaitement sûr de ce qu'il dit et encore moins d'être cru par son auditoire. Ni Hugh Blair, le célèbre prédicateur anglais, ni Sturm, le prédicant à peine moins célèbre de l'Allemagne, n'approchent de la mâle fermeté de Bossuet. N'osant guère aborder le dogme, ils retombent sur la morale et déploient sur ce champ leur rhétorique plutôt que leur éloquence. Il va sans dire que c'est un Français qui vous parle; évidemment nous sommes tous suspects en pareille matière, outre que jamais on ne vient à bout de saisir une langue étrangère, de la goûter, de l'apprécier comme la sienne propre.

» Quant à la langue espagnole, que je n'ai pas apprise, il est reconnu par tous qu'elle est expressive, énergique, mais emphatique et ampoulée. Son théâtre est peut-être ce qu'elle a de mieux. Lope de Véga et Caldéron ont laissé une multitude de pièces où le goût français trouve certainement à redire, mais qui étincellent d'observations vraies et d'originalité.

» En somme, cher ami, votre sujet est difficile à traiter. Il demanderait d'immenses connaissances, et quand il serait revêtu de toutes les conditions voulues, il ennuierait, à coup sûr, votre auditoire. C'est dans la nature des choses et.... des hommes qui ont dîné. Si, selon mon conseil cent fois réitéré, vous aviez placé votre distribution à neuf heures du matin, vous auriez pu attacher quelque importance à intéresser votre monde. Dans l'état actuel des choses, fissiez-vous des chefs-d'œuvre, vous n'y parviendrez jamais. Ne vous donnez donc pas tant de peine; arrangez tout comme il vous plaira, et soyez sûr que, n'en eussiez-vous que pour dix minutes, tout le monde se plaindra de vos longueurs.

» Un jour, on présentait à Michaud (l'aîné) un distique latin et on lui demandait ce qu'il en pensait : « C'est assez bien, répondit-il, mais il y a des longueurs... » Voilà votre histoire.

» Il y a longtemps que je connais mon espèce humaine. Aussi ne me donné-je plus grande peine avec elle. Entre un ouvrage soigné et peigné et un ouvrage à peine *dégauchi*, le vulgaire ne fait pas grande différence. Il importe peu de savoir qui l'emporte du français, ou de l'allemand, ou de l'anglais ; la question est entre le vin de Salins et le vin d'Arbois, entre le gruyère et le mont-d'or.... Ne traiterez-vous jamais quelqu'une de ces questions capitales ? Je pense qu'on vous écouterait.... au moins de la longueur d'un distique. »

M. l'abbé Devoille n'avait pas tort, mais comment ôter à M. Clerc les douces illusions qu'il se faisait sur l'intérêt et l'utilité de ses dialogues ? Il fallait bien payer par quelque côté un tribut à la faiblesse humaine. C'était, pour ainsi dire, l'infirmité aussi bien que la satisfaction de cette nature si exceptionnelle de n'avoir rien oublié de la vie d'écolier, ni rien appris de la vie du monde. Naïf, simple, timide jusqu'à l'âge de soixante-sept ans, enthousiaste encore de son art après quarante-cinq ans d'enseignement, il demeura toujours jeune, même au milieu d'une société qui n'a plus de jeunesse, qui ne comprend plus la poésie, et qui devient chaque jour moins sensible à la véritable éloquence. Il y eut là, je n'hésite pas à le dire, un bienfait véritable pour les générations formées par ses soins. Sa rhétorique semblait attardée, mais elle était exacte, sûre, puisée aux bonnes sources. Il ne cessa de croire aux vieilles règles, de les enseigner telles qu'il les avait reçues, de maintenir les traditions du bon goût, et partant d'inspirer et de répandre autour de lui le bon esprit. Voilà, sans contredit, d'immenses services, et le diocèse de Besançon en recueillera le fruit jusque dans le siècle futur.

Ce fut encore un trait de son excellent esprit d'être demeuré le plus déférent et le plus respectueux de tous envers le supérieur, dans une maison où son ancienneté lui donnait tant de droits. M. Guerrin, en quittant le séminaire de Luxeuil, laissait à son successeur, dans la personne du professeur de rhétorique, un de ces hommes qu'on peut appeler le trésor d'un supérieur et la bénédiction d'une communauté tout entière. C'était le trésor du bon conseil, de l'amitié sincère et douce. M. Garessus rendait à M. Clerc par la confiance tout ce qu'il recevait de lui par la vénération, et l'on vit dans ces deux caractères si divers, pour ne pas dire si contraires, la parfaite union des mêmes vues avec la même perfection sacerdotale. Ayant de tels exemples sous les yeux, les jeunes maîtres aimaient leur tâche et la remplissaient dignement. Ils s'abandonnaient volontiers, dans leurs embarras, à l'expérience et aux lumières de M. Clerc, et se faisaient, pour la plupart, au saint tribunal, les pénitents volontaires de celui en qui ils retrouvaient toujours un modèle aussi bien qu'un ami.

M. Clerc demeura en effet, pendant sa longue carrière, par son travail et par sa vertu, le modèle du clergé enseignant. Chez lui, point de distinction entre le prêtre et le professeur. L'un expliquait l'autre et le faisait aimer. Tel il était en classe, tel en récréation, tel au chœur et à l'autel. D'une régularité édifiante, que des infirmités cruelles éprouvaient sans l'affaiblir, chaque matin il devançait d'une heure le lever de la communauté, chaque soir il se couchait une heure après elle, et toujours dans l'intérêt de l'étude et de la prière. Ses exercices de piété se faisaient, comme au son de la cloche, avec cette douce aisance qui les conseille aux autres plutôt que de les imposer. La méditation, le bréviaire, la sainte messe, le chapelet, la visite au saint Sacrement, l'examen de conscience, se mêlaient, dans cette vie si pleine et si fidèle à elle-même, aux classes, aux études, aux promenades, aux jeux, d'une façon si naturelle que des choses si diverses semblaient se confondre. La perfection du prêtre servait à rendre le professeur plus épris de sa noble tâche, et le surveillant plus attentif à ses moindres devoirs. M. l'abbé Clerc ne songeait point ni à moins prier pour mieux s'instruire, ni à s'éloigner des élèves pour devenir plus fervent. Son âge, ses services, ses infirmités même, ne lui parurent jamais un titre pour se dispenser des obligations gênantes de la vie commune. Les trois générations qu'il éleva eurent la même part à ses affections et à ses soins, et quand les prêtres qu'il avait formés il y a quarante ans, devenus presque des vieillards, allaient visiter le séminaire de Luxeuil, ils le retrouvaient encore dans les mêmes cours, aux mêmes heures, au milieu des élèves qui l'écoutaient toujours, continuant, en 1870, ses promenades et ses conversations de 1828, sans laisser voir ni la moindre contrainte ni le moindre ennui. Ses cheveux avaient blanchi, sa marche devenait pénible et chancelante, mais il était toujours là, parlant avec enthousiasme de la vieille abbaye de Luxeuil, de saint Walbert, des missions, de l'Eglise et de la France, des grands hommes qui nous honorent, des œuvres de zèle et de dévouement qui donneront à notre siècle une si belle place dans l'histoire.

Deux fois par an les vacances venaient rompre la monotonie de ses habitudes scolaires, sans interrompre les exercices chers à sa piété. Il les consacrait moitié aux voyages, moitié aux devoirs de famille. L'amitié ou la dévotion inspirait ses voyages. C'est ainsi qu'il visita Ensiedeln, Fourvières, la Salette, Notre-Dame de Lourdes, recueillant des traits d'histoire qu'il racontait à Luxeuil avec beaucoup de charme et d'intérêt, édifiant partout les compagnons que lui donnait le hasard de la route, et laissant ainsi une haute idée de la régularité sacerdotale qui règne dans le diocèse de Besançon. De toutes les visites de l'amitié, aucune ne lui était plus chère que celle de l'archevêché de Reims. Le cardinal Gousset aurait voulu le voir tous les ans, il le gardait auprès de lui le plus longtemps possible, lui demandait des notes pour ses traités de théologie et de droit canon, et le faisait siéger dans les congrès scientifiques auxquels il donnait une si magnifique hospitalité. Un jour M. l'abbé Clerc rapporta de Reims le titre de chanoine honoraire, un autre jour celui de membre de l'académie. Sa modestie n'en fut pas éprouvée, mais son amitié pour le cardinal Gousset en devint de plus en plus reconnaissante. Il reçut d'un autre de ses maîtres, Mgr Doney, évêque de Montauban, la même marque d'estime et d'honneur, et de l'Académie d'Hippone le diplôme d'associé correspondant. « Cela prouve simplement, disait l'excellent abbé, que j'ai des amis partout. »

Il les comptait par centaines à Besançon et dans le reste de la province. Sa visite y était une joie, et la part qu'il nous faisait dans ses loisirs semblait toujours trop courte. On le rencontrait surtout au presbytère de Montbéliard, où il aimait à se délasser dans les entretiens d'une vieille amitié; au château de Buillon, dans cette terre qu'avait foulée saint Bernard, où il trouvait avec les charmes de la solitude tous les plaisirs d'une conversation littéraire; à Ornans, ville deux fois chère à son cœur, parce qu'elle était la résidence de sa sœur et le berceau de sa vocation ecclésiastique. Ces visites rendues, le reste de ses vacances appartenait à la ville de Besançon et à la maison paternelle. Il y vivait, au milieu d'une famille estimée et chérie, ayant d'agréables relations avec le clergé, qui l'honorait comme un maître, et les membres de l'Académie de Besançon, dont il s'honorait lui-même d'être le confrère. M. Pérennès exprima fort bien les sentiments de toute la compagnie en lui annonçant son élection dans les termes suivants :

« L'Académie, en vous offrant le diplôme de membre correspondant, a rendu un juste hommage à votre talent et à votre caractère. C'est pour elle une bonne fortune de s'attacher par les liens de l'association les hommes qui, comme vous, Monsieur l'abbé, unissent à l'élévation de l'esprit et à l'étendue du savoir, la bonté du cœur et l'aménité des manières. Elle espère que vous voudrez bien, autant que le permettront les laborieuses fonctions que vous remplissez avec tant de fruit pour la jeunesse, prendre part à ses travaux et lui prêter le concours de vos lumières. Elle recevra avec intérêt toutes les communications que vous pourrez lui adresser. En ce qui me concerne particulièrement, heureux d'avoir appelé l'attention de la compagnie sur vos titres littéraires, je le suis plus encore du vote par lequel elle vous a donné une place dans nos rangs, et qui aura pour effet, j'ose l'espérer, de rendre plus fréquentes et plus intimes les relations que je tiens à honneur et à bonheur d'entretenir avec vous depuis plusieurs années. »

Une vie si pleine et si honorée vient de se terminer par un de ces coups presque soudains qui rendent plus sensibles les regrets de la famille et de l'amitié. M. l'abbé Clerc était revenu à Besançon pour y passer ses vacances de Pâques, visiblement affaibli et changé aux yeux de ceux qui ne l'avaient pas vu depuis six mois. Mais sa santé le préoccupait à peine. Tout entier à son cher séminaire, toujours agréable à ses amis, il leur apportait son dernier ouvrage, un *Mémorial littéraire, ou choix de compositions françaises de MM. les rhétoriciens de Luxeuil* (1), qu'il avait corrigées et mises en ordre. C'était le dernier écrit d'un maître qui n'avait rêvé la gloire que pour ses élèves de rhétorique, et qui ramassait tous leurs lauriers pour les couronner encore une fois. Il voulait, malgré le déclin de sa santé, retourner à Luxeuil et y reprendre sa tâche accoutumée, se demandant avec une sorte d'embarras s'il n'allait pas manquer l'heure de la rentrée. Cependant les médecins commandaient le repos absolu : il fallut obéir à une règle plus impérieuse que celle du séminaire et accepter pour l'été la perspective d'une saison d'eaux passée à Evian. La médecine se hâtait, mais la mort se hâtait davantage, tout en cachant ses approches. M. l'abbé Clerc lutta jusqu'à la fin, comme pour échapper à la cruelle visiteuse. Il se levait à son heure, allait célébrer la messe à Saint Pierre, puis se remettait au lit jusqu'à midi, tâchait de reprendre quelques forces et passait l'après-dîner en visites. Nous ne pouvons pas oublier celle qu'il nous a faite quatre jours seulement avant sa mort. Il nous apportait les trois lettres de M. de Montalembert qu'on a lues dans cette notice et la pièce de vers qu'on trouvera ci-après en l'honneur de ce grand homme. Ces lettres étaient destinées à une notice sur M. de Montalembert, et M. l'abbé Clerc ne s'imaginait pas qu'elles allaient servir d'abord d'ornement à sa propre biographie. Quant à la pièce de vers,

(1) In-8°; Paris, Palmé, 1870.

est encore un honneur pour lui de l'avoir reçue. Dictée par un cœur généreux à une plume exercée, elle est signée d'un pseudonyme connu dans la littérature contemporaine. M. l'abbé Clerc, qui en connaît personnellement l'auteur, nous a autorisé à publier la lettre qui l'accompagne. Cette lettre est d'ailleurs l'expression de ses propres sentiments. Il pensait que deux ou trois pages regrettables échappées à M. de Montalembert mêlent à peine quelque défaillance aux mérites de sa longue et pieuse agonie, mais que rien de cette ombre ne doit retomber ni sur une si belle vie ni sur de si beaux livres. L'ombre se dissipera avec l'orage qui l'a amenée; il restera soixante ans de travaux, de combats, de services et de gloire. Mlle Marie Jenna écrit à M. l'abbé Clerc : « Le nom de M. de Montalembert gardera son prestige, j'en ai la confiance. Il me semble que Dieu pardonne bien plus volontiers les erreurs que les ingratitudes. Vous êtes, je crois, de ceux qui se souviennent ; c'est pour cela que je me fais un plaisir de vous envoyer les vers que j'ai consacrés à cette grande mémoire. »

Oui, M. l'abbé Clerc était « de ceux qui se souviennent ; » que ce témoignage soit pour lui un suprême éloge ! Trois jours après avoir reçu de sa main cette lettre que nous déposons sur sa tombe, nous assistions à son agonie. La léthargie subite dans laquelle il s'endormait était adoucie par les prières de la religion, contemplée les larmes aux yeux par ses amis, qui arrivaient de toutes parts au bruit de la triste nouvelle, combattue par les soins affectueux, mais impuissants, de ses deux frères et de sa sœur réunis autour de son chevet. Il mourut le 21 mai 1870, à trois heures du matin. Le lendemain au soir, de bien belles larmes furent apportées de loin sur son cercueil. Dix de ses élèves, la moitié de sa classe, vinrent de Luxeuil à Besançon, sous la conduite de deux de leurs maîtres, s'agenouiller au pied de sa dépouille mortelle, et y verser, avec leurs prières, les pleurs du respect, de l'affection et de la reconnaissance. Ils escortèrent le cercueil pendant la cérémonie des obsèques, qui fut célébrée dans l'église paroissiale de Saint-Pierre, avec un immense concours de prêtres et de fidèles, dans lequel on distinguait MM. les vicaires généraux, les chanoines de la métropole, le supérieur du grand séminaire, le président et le secrétaire perpétuel de l'Académie de Besançon, des magistrats, des officiers, des vieillards, des hommes mûrs, des jeunes gens, pour la plupart condisciples ou élèves du défunt, tous demeurés ses amis. La chaire se tut, c'était la règle ; mais l'oraison funèbre était sur toutes les bouches et le regret sur tous les visages. On pouvait entendre dans le cortége des paroles comme celles-ci : « Il y a cinquante ans, nous étions ensemble à Ornans; M. Clerc est demeuré le meilleur de mes camarades. » Ou bien : « Il y a trente ans, j'étais son élève, c'est le maître dont j'ai gardé le meilleur souvenir. » La foule ne le connaissait que par son nom, mais elle se découvrait sur le passage du cortége, et disait en regardant l'humble surplis déposé sur la bière : « C'était un bien brave homme, un saint prêtre. »

Son testament, daté du 22 juin 1862, le prouverait au besoin ; j'en copie les premières lignes, témoignage éloquent de sa foi et de son humilité :

« Lorsqu'il plaira à Dieu de me retirer de ce monde, je le prie, par les mérites de son Fils adorable, par l'intercession de la très sainte Vierge, des anges et des saints, de recevoir mon âme dans le sein de sa divine miséricorde et de son infinie bonté.

» Je prie aussi toutes les personnes de ma famille, tous mes proches, tous mes amis, tous mes collègues, anciens et actuels, ainsi que tous mes anciens et nouveaux élèves, qui auront connaissance de mes dernières dispositions, de me pardonner tout ce qui aura pu les mal édifier dans ma conduite, si peu remplie des vertus sacerdotales. »

M. l'abbé Clerc, fidèle à la charité comme à l'amitié, lègue six cents francs aux pauvres de Luxeuil, et douze cents francs aux pauvres de Besançon, moitié pour la paroisse de Saint-Pierre, moitié pour celle de Saint-Claude. Il donne au séminaire de Luxeuil sa riche bibliothèque, amassée à grands frais pendant une vie si studieuse, et composée de plus de trois mille volumes. Il partage le reste de ses biens entre ses parents, comme il partageait entre eux toute son affection.

Voilà dans quelles dispositions il a pris congé de sa famille, de ses confrères, de ses amis, de ses élèves et de ses pauvres. Mais personne d'entre nous ne voudra prendre congé d'une telle mémoire. M. l'abbé Clerc est un de ceux dont on garde l'image au fond de l'âme, le nom sur les lèvres, les vertus sous les yeux. D'ailleurs, à mesure que la vie s'avance, c'est un besoin pour nous de vivre encore plus avec les morts qu'avec les vivants, car pour avoir le courage d'achever sa carrière, on ne reprend haleine qu'en consultant souvent du regard ces modèles, si nobles et si modestes à la fois, du travail, de la piété et du dévouement.

SUR LA TOMBE DE M. DE MONTALEMBERT.

C'est ici que je veux poser une couronne.
Qu'importent tous ces noms que la pompe environne,
Ces bustes qu'avec art a sculptés le ciseau ?
Ces maîtres, ces savants, ils ont fini de vivre,
Et le regard de l'âme à peine ose les suivre
   Au delà du tombeau.

Mais toi, noble chrétien dont l'Eglise était fière,
O toi, tu peux dormir ! De ce lit de poussière
Tu te relèveras comme un triomphateur.
Dors calme et glorieux au bruit de nos prières,
Sous le marbre arrosé des larmes de tes frères
   Et la croix du Sauveur.

La croix, signe sacré qui sauve et purifie,
Que tu glorifias et qui te glorifie,
Qu'en mourant tu baisas.... Ce divin étendard,
Ton bras sut le tenir et venger son offense.
O vaillant ! ton nom seul était une puissance,
   Ta parole, un rempart.

Tu les faisais trembler d'une frayeur étrange.
Sur l'œuvre de Satan, comme un Michel archange,
Soudain tu te levais superbe et foudroyant.
Le plus audacieux redoutait la défaite
Au moment où venait reluire sur sa tête
   Ton glaive flamboyant.

L'impiété partout te trouvait devant elle.
Ton cœur avait la flamme et tes yeux l'étincelle,

Ta voix avait la foudre.... Oh ! l'on savait cela !
Et quand la tyrannie avait ourdi sa trame,
Le chrétien confiant se disait en son âme
    Montalembert est là.

Que ne t'ai-je entendu quand, dans la salle entière,
Passait un long frisson sous ta parole fière !
Quand le mal un instant se taisait interdit ;
Ou lorsque, à tous les yeux ayant ouvert l'abîme,
Ta voix faisait passer comme un éclair sublime
    Le nom de Jésus-Christ.

Nous écoutions de loin, dans une pure ivresse,
Cette voix éloquente, émue et vengeresse.
De toi, près du foyer, bien souvent on parlait ;
A nos regards ton nom brillait comme un symbole ;
Toujours environné d'une pure auréole
    Il nous apparaissait.

De l'humaine beauté ton âme était l'emblème
En nos rêves d'enfants. Nous t'aimions comme on aime
L'éloquence, l'honneur et la fidélité,
Comme on aime un croisé qui combat et qui prie,
Comme on aime la foi, l'Eglise, la patrie,
    La sainte liberté.

Dis-moi, le savais-tu ? Sentais-tu nos prières
Comme une force en toi ? Les femmes et les mères,
Entendais-tu de loin leurs applaudissements ?
Oh ! tu devais porter leur âme dans ton âme
Alors que tu sauvais du fer et de la flamme
    La foi de leurs enfants.

Tu ne combattras plus. Soldat, tu te reposes.
C'est dans la paix de Dieu que tu vois toutes choses.
Mais sans trêve et sans fin ces pierres parleront.
La foi garde ta tombe et ton nom l'illumine,
Et tous les fronts que brûle une flamme divine
    Ici s'inclineront.

                      Marie JENNA.

OUVRAGES DE M. L'ABBÉ CLERC

EN VENTE CHEZ TURBERGUE, LIBRAIRE A BESANÇON.

Importance de l'éducation au XIXe siècle ; in-8°.

Rome, Pie IX et l'Italie ; in-8°.

Essai sur l'art oratoire considéré au point de vue chrétien ; 1 vol. in-8°.   5 fr.

Le 8 décembre 1854, ou Marie Immaculée ; seconde édition ; 1 vol. in-8°.   2 fr.

Vie de saint Walbert avec l'histoire abrégée de Luxeuil ; 5e édition, enrichie d'un grand nombre de lithographies ; ouvrage approuvé par Son Em. le cardinal Mathieu, archevêque de Besançon, et par NN. SS. les évêques de Montauban et de Versailles ; 1 vol. in-8°.   5 fr.

Les Scènes de l'Évangile ; 1 beau vol. in-12.   3 fr. 50 c.

Mémorial littéraire, ou choix de compositions françaises de MM. les rhétoriciens de Luxeuil mises en ordre par M. l'abbé Clerc ; 1 beau vol. in-8°.   3 fr. 50 c.

Album du jeune littérateur ; in-8°.   2 fr. 50 c.

A la Mémoire du cardinal Gousset ; in-8°.

IMPRIMERIE DE J. JACQUIN.

www.ingramcontent.com/pod-product-compliance
Lightning Source LLC
Chambersburg PA
CBHW060712050426
42451CB00010B/1399